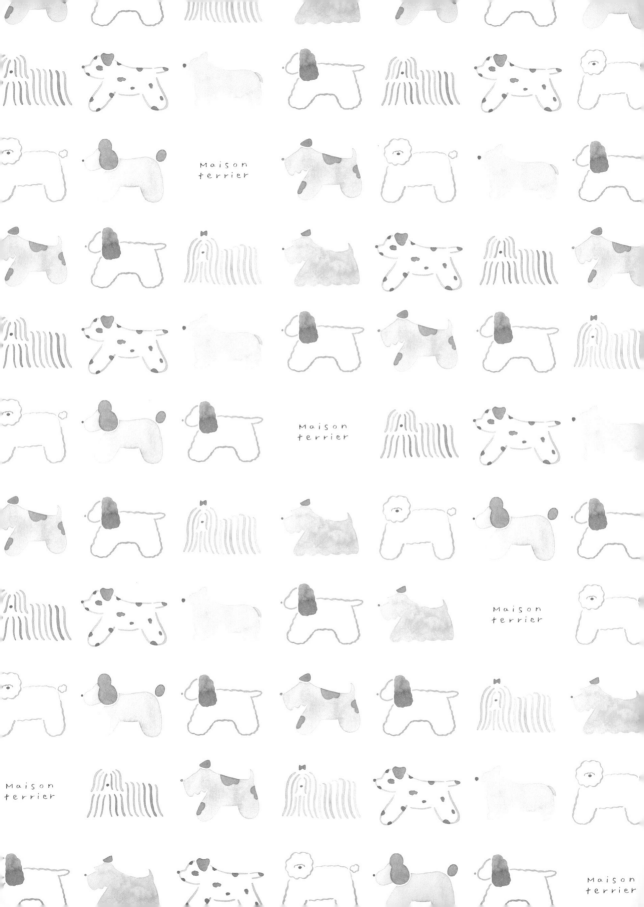

MY LITTLE DOGS
Maison terrier

メゾン・テリアの犬モチーフのかわいいお菓子

横尾かな

はじめに

小さなころからお菓子づくりが好きでした。
小学生のときに、本屋さんで選んだレシピ本を見て、ひとりでお菓子をつくり
家族やお友だちに食べてもらうことがとても楽しく、
おいしいといってもらえてうれしかったことをよく覚えています。

お菓子が犬に見える瞬間があって（その逆もある）、それを忘れないようにどこかにメモをして、
次のお休みの日につくる。そんな趣味をはじめたのが 2019 年のころです。
まだ誰も見たことのない、どこにも売っていないお菓子をつくるのは本当に楽しく、
写真を撮って Instagram に載せるようになりました。
当時は、ほとんど知り合いのフォロワーしかいなかったアカウントでしたが、
友人や職場の方からはとても好評で、やっぱりつくったものは
みんなに食べてもらいたいと思うようになり、2022 年にアトリエをつくる決意をしました。

お菓子の販売をはじめてからはまだ 1 年ほどですが、なんと私の犬たちは 1 冊の本になりました。
独学で、お菓子に関する勉強や、お菓子をつくるお仕事はしてこなかったので、
いろいろな方に驚かれました。人生なにが起こるかわからないものですね。

この本では犬のかわいい形（とそのつくり方）にスポットをあてているので、
詳しいレシピは載っていません。
市販のお菓子を土台に使って、アレンジを楽しむだけでもいいですし、
お菓子づくりの好きな方は、好みのレシピでつくって、
できそうなところだけ真似してみてもいいと思います。
もちろん、作品集としてお楽しみいただいても…！

犬派の人も、そうでもない人も、お菓子づくりをする人も、しない人も、
いろいろな方に楽しんでもらえたらうれしいです。

Contents

1

Welcome to "Maison terrier"!
ようこそ、メゾン・テリアへ！

2

Enjoy Your Home Cafe
楽しいおうちのおやつ時間

3
Party & Wrapping
パーティー＆ラッピングの楽しみ

1

Welcome to
"Maison terrier"!

ようこそ、メゾン・テリアへ！

メゾン・テリアは犬の形のお菓子をつくるアトリエです。
現在、実店舗はなく、
東京近郊を中心としたイベント出店をメインに活動しています。
イベントでは、（特に生菓子などは）
一度にたくさんの種類を並べるのは難しいのですが、
本書では、メゾン・テリアのいろいろな種類のお菓子犬を
ずらりとご紹介できました。
「どんな子がいるかな……」とショーウインドーをのぞき込むような気持ちで
お楽しみいただけたらうれしいです。

choux-
nauzer

Marron Chantilly Dog

マロンシャンティー犬

シャンティーはフランス語で、
泡立てた生クリームのこと。
ふわふわの生クリームの
真っ白なシャンティー犬です。

つくりかた

1 お好みのスポンジ生地とマロンピューレ（または栗あん）で土台をつくり、頭になる部分に栗の渋皮煮をのせる。

2〜4 生クリームを泡立てて、両サイド（2）、背中（3）、体の正面（4）の順にしぼっていく。

5〜6 さらに、両耳(5)、顔の正面、頭頂部、しっぽ(6)を順にしぼり、
体の正面の下の部分に前足をしぼる。
7 とかしたチョコレートで、目と鼻を描く。

8 ベロをつけて完成。ベロにはハートのトッピングシュガー（24ページ）
を半分にカットしたものを使用しています。

Mont Blanc Dog

モンブラン犬

コモンドール

つくりかた

1　スポンジ生地の上にお好みの素材（栗の渋皮煮、マロンペーストなど）をのせ、泡立てた生クリームで覆って土台をつくる。

2〜4　マロンペーストと生クリームを合わせてモンブランクリームをつくり、モンブラン用の口金で全体にしぼっていく。

5〜6　チョコチップで鼻を(5)、トッピングシュガー(24ページ)でベロをつけて(6)完成。

Tarte au Citron Dog

タルトシトロン犬

リーフ型の土台に合わせて
伏せをしているようにしぼります。

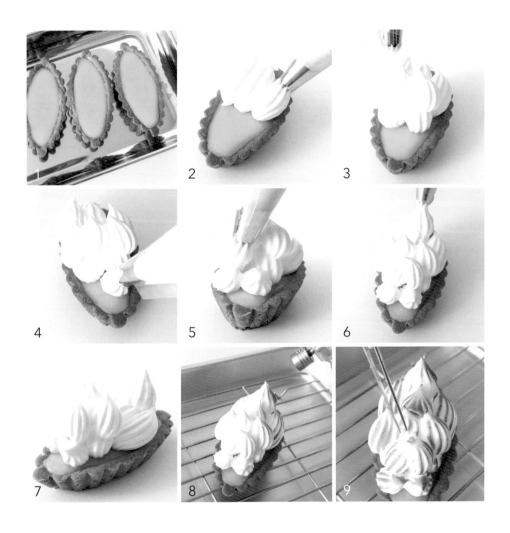

つくりかた

1　リーフ型（またはボート型）で焼いたタルト生地に、レモンカードを流し込む。

2　イタリアンメレンゲをしぼっていく。まずは背中の部分をしぼる。

3　左右に分けて顔の土台をしぼり、その上に、頭部と耳をしぼる。

4〜7　前足（4）、マズルの部分（5）、しっぽ（6）をしぼる。（7）は横から見たところ。

8　バーナーでメレンゲの表面を少し焦がす。

9　トッピングシュガーで目と鼻をつけたら完成。

Choux-nauzer

シューナウザー

シュナウザー

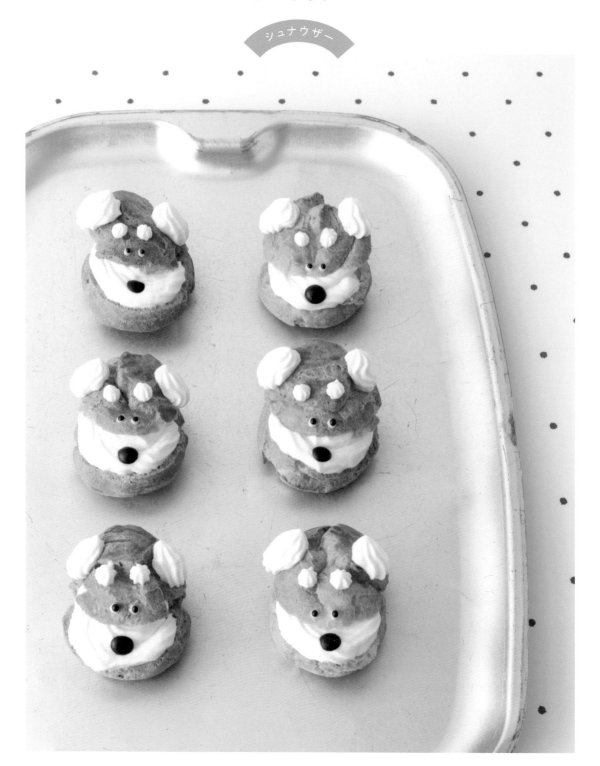

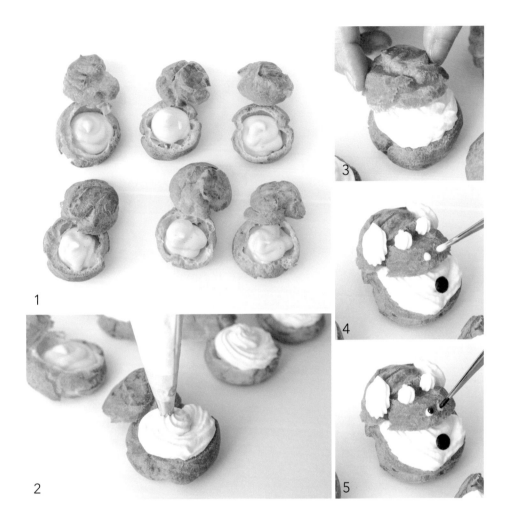

つくりかた

1 半分にカットしたシュー生地にカスタードクリームをつめる。

2 1の上から、シュー生地のふちギリギリまで生クリームをしぼる。

3 シュー生地のふたを生クリームが見えるように少しずらしてのせる。

4 生クリームで耳とまゆ毛をしぼり、ピンセットで白目の部分を小さくのせる。チョコレートの鼻をつける。

5 とかしたチョコレートで目を描いて完成。

Eclair Dachshund

エクレアダックス

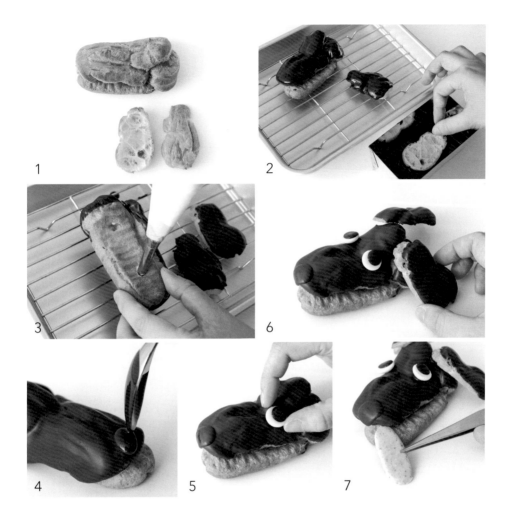

つくりかた

1　シュー生地で、顔と耳をつくる。顔は、頭になる片側を少し盛り上げるようにしぼって焼いたもの。耳は、小さめに焼いた生地を半分にカットしたものを使う。

2　1のパーツをチョコレートでコーティングし、乾かす。

3　顔のパーツの底から、カスタードクリームを注入する（半分にカットしてはさんでもOK）。

4　とかしたチョコレートで鼻を描く。

5〜7　チョコレートでつくった目とベロをつけ、耳をセットして完成。小さなシュー生地で焼いたまぶたをつけてもかわいい。

Parts of the Face
顔のパーツのアイデア

目や鼻、ベロなど顔のパーツは、つくるお菓
子の大きさや雰囲気によって、いろいろな素
材を使い分けています。チョコレートをとかし
てオリジナルのパーツをつくることもあります
が、気軽に購入できる市販の素材にも、かわ
いいものがたくさんあるので、いろいろな組み
合わせを試してみるのも楽しいです。

チョコレートをとかしてつくったオリジ
ナルのパーツ。常温で固まるコーティ
ング用のチョコレートでつくっていま
す。耳のパーツは、好みの形に砕いた
クッキーの上からチョコレートをコー
ティングしています。

デコレーション用のチョ
コペンやシュガーペンに
もさまざまな色のものが
あります。

ハート形のトッピングシュガーは、
2つに割って、ベロに使うとかわ
いいです（15ページや17ページ
などで使っています）。

市販のチョコペンやシュガーペンよりもさらに細かいところを描きたいときは、OPPフィルムで、小さなコルネ（しぼり袋）をつくり、アイシングやとかしたチョコレートを入れて使用します。

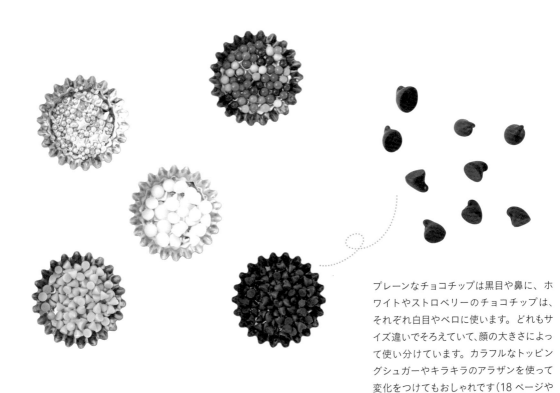

プレーンなチョコチップは黒目や鼻に、ホワイトやストロベリーのチョコチップは、それぞれ白目やベロに使います。どれもサイズ違いでそろえていて、顔の大きさによって使い分けています。カラフルなトッピングシュガーやキラキラのアラザンを使って変化をつけてもおしゃれです（18ページや42ページなどで使っています）。

Sponge Cake Dog

ショートケーキ犬 1

つくりかた

1　牛乳パックで、耳の大きさの型紙をつくり、お好みのクッキー生地を
抜いて焼く。左右の耳2枚1セットで、6セット分用意する。冷めたらと
かしたチョコレートで目を描く。

2　15cm型でショートケーキをつくり、ナッペ（ケーキの表面にクリームを
塗ってコーティングすること）まで行う。

3　ケーキを6等分にカットしたら、目を描いておいたクッキーとチョコ
チップの鼻をのせて完成。

Sponge Cake Dog

ショートケーキ犬 2

つくりかた

1 チョコレートをとかし、耳・目・鼻・ベロをそれぞれつくっておく。

2 15cm型でショートケーキをつくり、ナッペ（ケーキの表面にクリームを
塗ってコーティングすること）まで行う。

3 ケーキを6等分にカットしたら、1でつくった顔のパーツをのせて
完成。

Sponge Cake Dog

ショートケーキ犬 3

チワワ

つくりかた

1　耳用にランダムに割ったクッキーをチョコレートでコーティングしておく。

2　15cm型でお好みの味のショートケーキをつくり、ナッペ(ケーキの表面に
クリームを塗ってコーティングすること)まで行う。

3　ケーキを6等分にカットしたら、1のクッキーをのせる。

4　とかしたチョコレートで目と鼻を描き、飾りのチェリーをのせたら完成。

Dalmatian Cake

ダルメシアンケーキ

ココアクッキーの斑点のチーズケーキ。
大きなホールでつくると成犬に、
小さなホールでつくると子犬っぽくなります。

つくりかた

1〜2 チーズケーキの生地に砕いたココアクッキーを入れて混ぜる。

3〜4 とかしたバターと1とは別に用意したココアクッキーでつくった
土台に、2の生地を流し入れてオーブンで焼く。

5 焼き上がったら、よく冷やしてからカットする。

6 チョコレートでつくった耳、目、鼻をつけて完成。

Cake Roll Dog

ロールケーキ犬

体の部分は実はロールケーキ。
パーツは、太い口金でコロンと丸くしぼります。

つくりかた

1 天板で四角くスポンジを焼き、3分の1をフードプロセッサーなどで細かくしてクラム（スポンジなどの生地をそぼろ状にくずしたもの）をつくる。

2 クリームやフルーツを残りのスポンジで巻き込み、冷蔵庫で休ませる。

3〜5 休ませたロールケーキを切り分けて、まわりにクリームを塗り、クラムをまぶす。

6 頭・耳・しっぽ・前足になる部分にクリームをしぼる。

7〜8 タケノコ形のお菓子をホワイトチョコでコーティングしてつくった顔のパーツを頭部にさしこみ（7）、クラムをまぶす（8）。

9 目を描き、ピンクのチョコチップでベロをつけたら完成。

Lemon Cake Dog

レモンケーキ犬

プードル

つくりかた

1 レモンケーキ型でレモンケーキを焼く。

2 レーズンチョコに、とかしたチョコレートで目と鼻を描き、いちごの
チョコチップでベロをつける。

3 粉砂糖とレモン汁で硬めのレモンアイシングをつくり、一部はOPP
フィルムでつくったコルネ(25ページ)に入れる。

4 残りのアイシングをレモンケーキにかけたら、完全に固まる前に、2
の頭をくっつける。

5〜7 コルネに入れたアイシングで前髪(5)と耳(6)、しっぽ(7)を描い
たら完成。

Cupcake Dog

カップケーキ犬

バタークリームで形をつくり
チョコレートでコーティングしたカップケーキ犬。
衣装になる、かわいいカップケーキ型を
探すのも楽しい。

つくりかた

1　カップケーキの表面にバタークリームをぬる。

2～3　頭になる部分は丸くしぼり出し、パレットナ
イフなどで土台との境目をなくすように整える。

4　トッピングシュガーのベロとチョコレートでコー
ティングしたアーモンドスライスの耳を用意する。

5　表面をとかしたホワイトチョコレートでコーティ
ングする。

6　コーティングが完全に固まる前にベロと耳をつけ
る。

7　コーティングが固まったら鼻と目を描いて完成。

チョコレート味の犬のマズルの部分は、メレンゲ
クッキーにチョコレートで鼻を描いたもの。

Rum Ball Dog

小さなラムボール犬

トリュフのような小さなチョコレート菓子。
子犬のような見た目ですが、ラム酒をきかせた大人の味わいです。
ラム酒の量はお好みで加減できます。

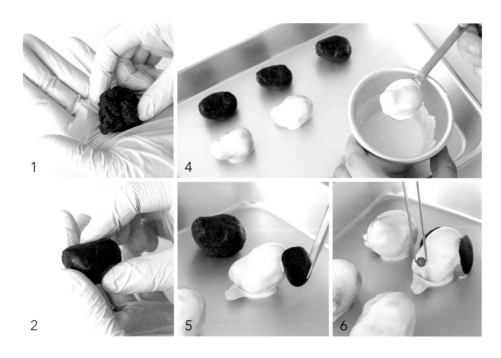

つくりかた

1〜2 カステラやスポンジの切れ端に、チョコレートや生クリーム、刻んだラムレーズン・くるみ、ラム酒などを合わせてよく混ぜたものを、手のひらでまとめて頭の形になるよう成形する。

3 2を冷蔵庫で休ませている間に、耳になるチョコレートをとかし、オーブンペーパーの上で固めておく。

4〜6 とかしたホワイトチョコレートでコーティングし(4)、耳(5)と鼻(6)をつけ、目を描いたら完成。

顔だけでなく全身の形に成形してもかわいいです。

Maltesecake

マルチーズケーキ

体や耳の毛並みは、平たい片目口金で、
丸いマズルや頭頂部は丸口金でぷっくりとしぼります。

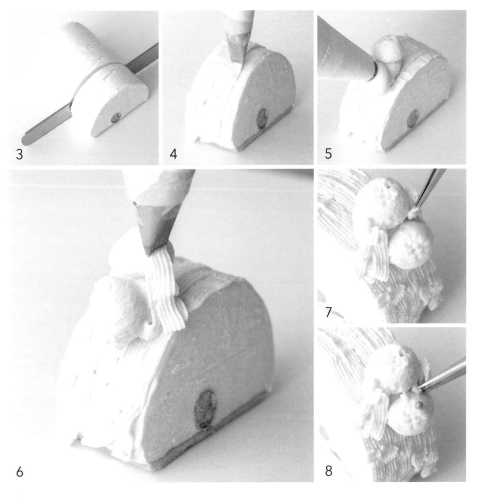

つくりかた

1　レアチーズケーキ生地にブルーベリーの実を混ぜてトヨ型に流し込み、うすく焼いた土台のスポンジを重ねて、冷蔵庫で冷やす。

2　デコレーション用にレアチーズケーキ生地をさらに半量つくり、適度な硬さになるまで氷水にあてたボウルで冷やし、口金のついたしぼり袋に入れる。

3　ケーキが固まったら型から出し、3～4cm幅にカットする。

4　片目口金で側面を覆うようにしぼる。

5　丸口金で顔の土台、頭頂部、マズルの部分をそれぞれ丸くしぼり出す。

6～7　片目口金で耳をしぼり(6)、ピンセットで目の土台となる部分に小さく生地をのせる(7)。

8　アラザンで目と鼻をつけたら完成。

2

Enjoy Your Home Cafe

楽しいお家のおやつ時間

パンやドーナツ、カップケーキから、ババロアなどの
冷やして食べる冷たいデザート、
さらに、ムラングシャンティなど、
ちょっと特別な日のおもてなしのお菓子まで、
おやつの時間を楽しくする犬たちがそろっています。
市販のお菓子にデコレーションするだけでも、
元気の出るおやつになりそうです。
お気に入りのティーカップと一緒に、
楽しいおやつタイムをお過ごしください。

Shiba Inu Toast

柴犬トースト

つくりかた

1 食パン(薄切りで上辺が凹んでいるとよい)の焦がしたくない部分にカットしたアルミホイルをのせて焼く。

2 目と鼻に黒豆を乗せる。黒豆がなければ、カットした海苔をバターやマヨネーズで接着してもOK。

Black Shiba Toast

黒柴トースト

つくりかた

1 食パン（薄切りで上辺が凹んでいるとよい）にあまり焼き目をつけずに
焼く。

2 あんこで模様を塗り、目と鼻の黒豆、まゆのバターをのせる。

Cream Bun Dog

犬のクリームパン

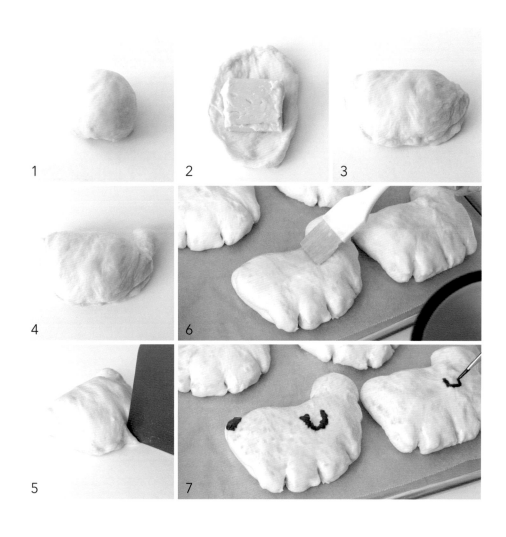

つくりかた

1〜3　パン生地でカスタードクリームを包み込む。

4〜5　耳をつけて（4）、ヘラで生地の下の部分に切り込みを入れ（5）、
発酵させる。

6〜7　発酵後、卵黄を塗ってから（6）、チョコレートで目と鼻を描き（7）、
オーブンで焼き上げる。

French Cruller Dog

フレンチクルーラー犬

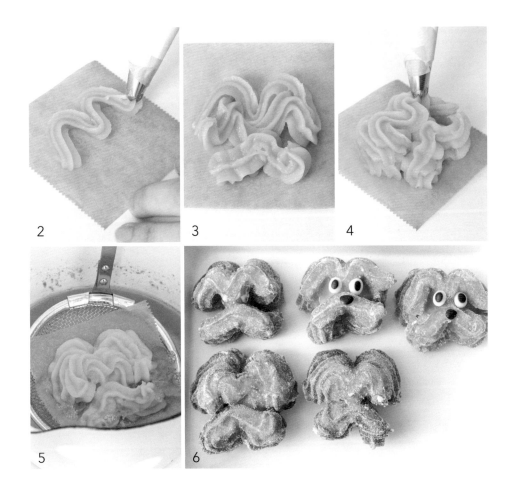

つくりかた

1 フレンチクルーラーの生地をオーブンペーパーの上にしぼり出していく。

2〜3 顔の上半分の部分を「M」字形、下半分を「へ」の字形にしぼる。

4 もう一度、同じ形を上に重ねてしぼり、3段分重ねる。

5 オーブンペーパーにのせたまま低温の油でじっくり揚げる。

6 グラニュー糖をまぶして、チョコレートでつくった目鼻をつけて完成（中にカスタードを詰めたり、チョコレートでコーティングしてもよい）。

Banana Cake Dog

バナナケーキ犬

コーギー

不ぞろいなドライバナナの耳がかわいいバナナケーキ犬。
小さなクグロフ型で焼いたいろいろなケーキでアレンジできるので、
耳との組み合わせを考えるのも楽しいです。

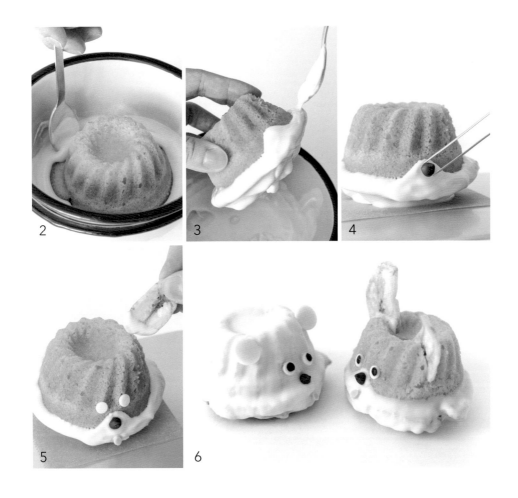

つくりかた

1 小さなクグロフ型でキャラメルバナナケーキを焼く。

2〜3 顔の下になる部分にホワイトチョコレートを塗ってコーティングする。鼻のまわりの部分は三角に塗る。

4 コーティングが固まる前にチョコチップで鼻とベロをつける。

5 目をつける部分に箸で下穴を開け、ホワイトチョコチップをはめ込み、耳をつける部分にはナイフで切り込みを入れてからドライバナナを差し込む。コーティング用のチョコレートで接着するとはずれにくい。

6 ホワイトチョコチップに黒目を描いたら完成。コーティングを顔全体に塗ったり、耳の形を変えたりすると別の犬ができます。

Carrot Cake Dog

キャロットケーキ犬 1

ポクポクとした生地質をそのまま生かした
キャロットケーキのシンプルなアレンジ。
カップケーキは生地や型、デコレーション次第で
いろいろな犬になります。

つくりかた

1 プリン型でキャロットケーキを焼き、ねじって取り出す。

2〜3 クリームチーズのフロスティングで、口元の毛と耳をしぼる。

4 チョコチップで鼻をつける。

5 白目の部分にフロスティングを小さくのせる。

6 チョコチップで黒目をつけて完成。

Carrot Cake Dog

キャロットケーキ犬 2

54ページと同じケーキとフロスティングを使ったバリエーション。
フロスティングをラフに塗っても
それぞれにおもしろく、かわいい表情になります。

つくりかた

1　マフィン型でキャロットケーキを焼く。

2〜3　クリームチーズのフロスティングを好きなようにのせる。

4　トッピング用のチョコで顔をつくる。くるみなどのナッツを耳にして
もいい。

5　粉砂糖をふりかけて完成。

Mille Crepe Dog

ミルクレープ犬

ラサアプソ

トヨ型に入れてみたら
ミルクレープが毛足の長い犬になりました。
カットする前の姿まで、とても犬っぽいケーキです。

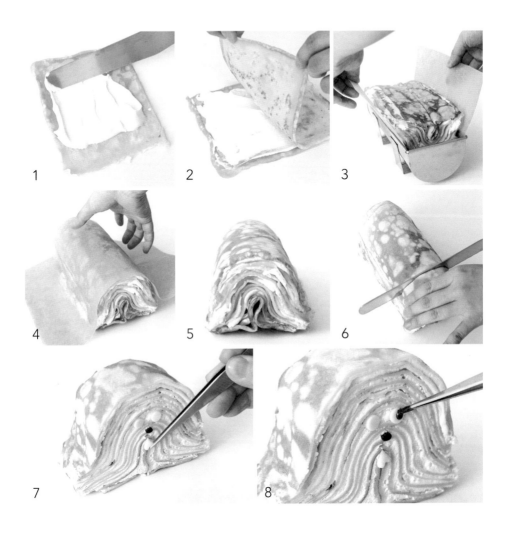

つくりかた

1〜2　卵焼き器で四角くクレープを焼き、生クリームを1枚ごとに塗り重ねていく。

3　重ねた生地（写真では13枚重ねています）をオーブンペーパーの上にのせ、そのままトヨ型に入れて、軽く押し込みながら形を整える。

4〜5　冷凍庫に入れて、固まったら型から取り出す。

6　ナイフで切れる程度の硬さに自然解凍し、3〜4cm程度の幅にカットする。

7　チョコチップで鼻と白目、ベロをつける。

8　とかしたチョコレートで黒目を描いて完成。

Chiffon Cake Dog

シフォンサンド犬

8等分したシフォンケーキでつくるシフォンサンド犬。
生地や顔のパーツを変えて、いろいろなアレンジもできます。

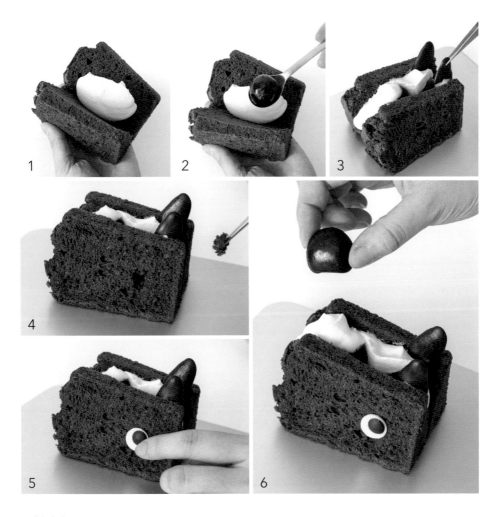

つくりかた

1〜2　ココアシフォンケーキを焼いて8等分にカットし、真ん中に切り込みを入れ、好きな材料（写真は生クリームとチェリーのコンポート）をはさむ。

3　クッキーを割ってチョコレートでコーティングした耳をつける。

4　目が入る部分の生地を少しほじってくぼみをつくっておく。

5〜6　チョコレートでつくった目をつけて、フルーツ（写真では生のチェリー）の鼻をのせる。

キャラメルバナナ味のアレンジ。
鼻と耳をキャラメルクリームで描いています。

Chiffon Cake Dog

シフォンケーキ犬

スコティッシュテリア

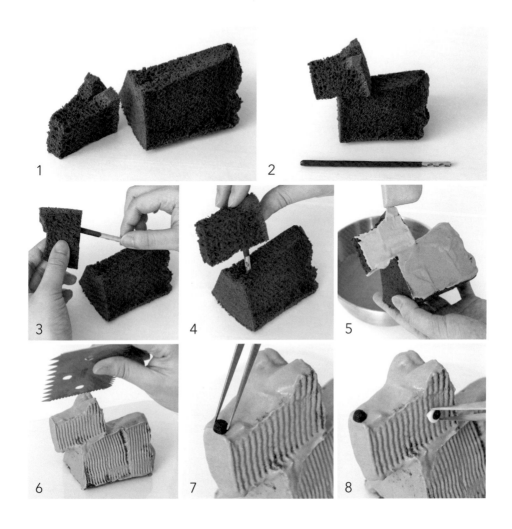

つくりかた

1 ココアシフォンケーキを焼いて8等分にカットし、6つは胴体に、残りの2つはそれぞれ3等分して頭にする。頭のパーツは好きな形に整えてカットする。

2〜4 頭部と胴体の位置を決め、スティック状のお菓子を芯にして固定する。カットした芯を、頭部にさしてから胴体に固定するとよい。

5〜6 表面に生クリームを塗り、側面に模様をつける。

7〜8 鼻と白目にはチョコチップを使用し、黒目はチョコレートで描く。

Chocolate Covered Banana Dog

チョコバナナ犬

写真では、2色のチョコレートでコーティングして
おなかの白い犬をつくりました。
お好みの形やコーティングで好きな子をつくってください。
チョコチップでベロをつけると、ぐっと犬らしくなります。

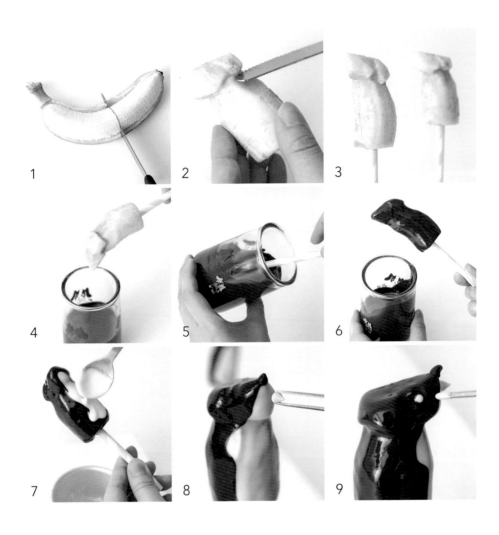

つくりかた

1 硬めのバナナを用意し、皮をむいて半分にカットする。

2 彫刻するようにナイフで犬の形を切り出していく。

3 持ち手になるように紙ストローの芯をさす。

4～6 とかしたチョコレートで全体をコーティングする。

7 とかしたホワイトチョコレートで鼻下からおなかの部分を塗り重ねる。

8～9 チョコチップで鼻とベロをつけ、コーティングチョコで白目と黒目を描いたら完成。

Bavarian Cream Dog

いちごババロア犬

冷たいおやつの犬。
ババロアはよく冷やしてからデコレーションすると、
表面がすべりにくく、しぼりやすいです。

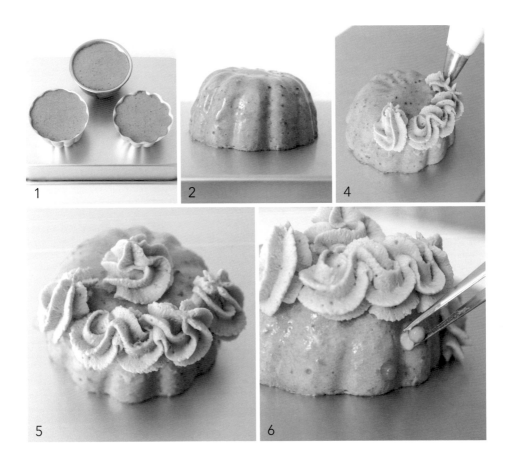

つくりかた

1〜2 ゼリー型でいちごのババロアをつくる。

3 泡立てた生クリームにいちごパウダーを加えて、ババロアと同じ色
のクリームをつくる。

4〜5 花口金で、耳、前髪、頭頂部をしぼり出す。

6 チョコミンツで目や鼻をつけたら完成。とかしたホワイトチョコレー
トで白目を入れてもかわいい。

Meringue Chantilly Dog

ムラングシャンティー犬

ムラング（メレンゲ）とシャンティー（泡立てた生クリーム）
でつくるフランス伝統菓子のプードルです。
背中から少し見えるようにいちごなどをはさんでもかわいいです。

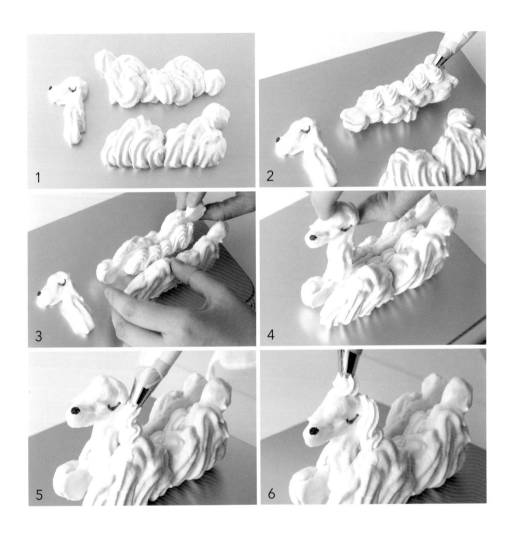

つくりかた

1　メレンゲで胴体の部分を1セット（2枚）と顔（首を長めにする）をしぼり、低温のオーブンで焼いてしっかり乾燥させる。とかしたチョコレートで顔に目と鼻を描く。

2〜3　生クリームを泡立て、胴体部分にしぼり出してはさむ。

4〜6　顔のパーツを差し込み、耳と頭頂部を生クリームでしぼって完成。

3

Party & Wrapping

パーティー＆ラッピングの楽しみ

ラッピングしやすい焼き菓子や、
バレンタインのチョコレート、
クリスマスや誕生日などのイベント用に
アレンジしやすいデコレーションケーキなど、
犬好きさんへのギフトやパーティーにおすすめの
お菓子を紹介しています。

Meringue Cookie Dogs

メレンゲクッキー犬 1

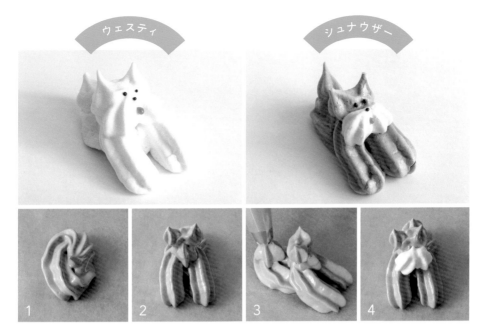

つくりかた

1〜3 花口金でメレンゲを、胴体、前足、顔の土台、耳、しっぽの順にしぼる。

4 マズルの横の毛の部分をしぼる（はじめから、全て白1色でしぼるとマルチーズになる）。

5 低温のオーブンに入れて、3時間以上しっかり乾燥させ、アイシングで顔を描いたら完成。

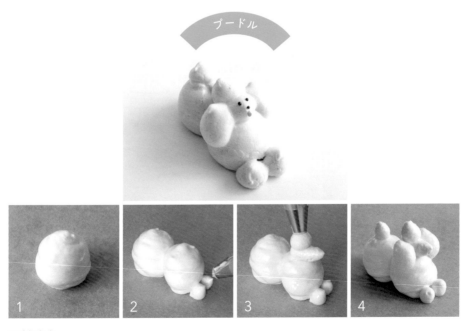

つくりかた

1〜4 丸口金でメレンゲを、胴体、前足、顔の土台と頭頂部、耳、しっぽの順にしぼる。

5 低温のオーブンに入れて、3時間以上しっかり乾燥させ、アイシングで顔を描いたら完成。

メレンゲクッキーを、アイスクリームやプリンなど、他のおやつと組み合わせた楽しいおやつ。こちらはアイスの上にのせた犬のパフェ。

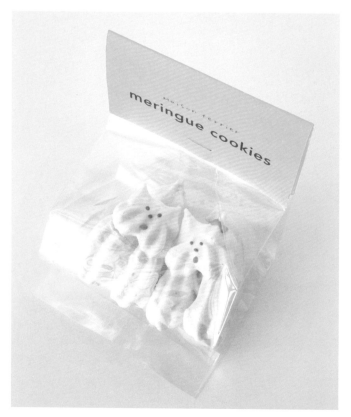

色つきのアイシングで、リボンなど飾りのモチーフを描き足してアレンジするのもかわいいです。プレーン犬とリボン飾りの犬をペアにして新郎新婦に見立て、結婚式のお土産用のお菓子としてつくったことも。

市販の好きなケーキにのせて、ろうそく
で飾ったお祝いケーキ。ホールのケーキ
にのせても、カットしたひとり分のケー
キにのせてもかわいいです。ろうそくは
100円ショップで購入したものです。

Meringue Cookie Dogs

メレンゲクッキー犬 2

パグ

メレンゲクッキーは、口金やアイシングを工夫して、好きな犬の形にアレンジするのも楽しいです。
こちらは、作家のyukinoさん（Instagram: @yukino_design_works）
とのコラボでつくったパグです。
パグは、太めの丸口金でぽってりした輪郭にしぼっています。

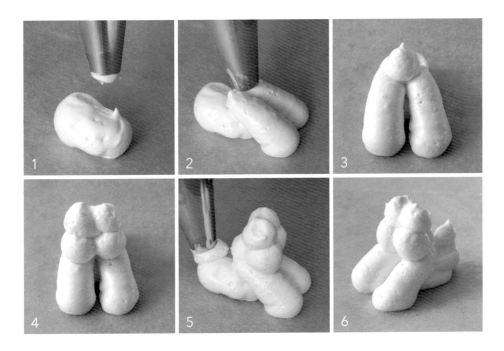

つくりかた

1〜3　丸口金でメレンゲをしぼっていく。胴体、
前足、顔の土台の順にしぼる。

4　顔の土台の上に、4つの丸いパートをしぼって
顔をつくる。

5　しっぽをしぼる。

6　低温のオーブンに入れて、3時間以上しっかり
乾燥させ、アイシングで顔を描く。

黒いアイシングでベースの顔を描き、
ピンクでベロを描いて完成。

Fork Drawing Cake

フォークでお絵描きケーキ

チベタンテリア

フォークで毛並みを描くお絵描きケーキ。
クリスマスや誕生日など、イベントに合わせた
デコレーションをプラスしていくのも楽しいです。

ヨークシャーテリア

つくりかた

1 15cm型でショートケーキをつくり、ナッペ（ケーキの表面にクリームを塗って
コーティングすること）まで行う。

2 フォークで顔の毛並みを描き、チョコチップで目と鼻、ベロをのせたら完成。

Party Arrangement
楽しいパーティー・アレンジ

ケーキピックやキャンドルなど、市販のアイテムで楽しめる簡単なアレンジのアイデアです。ネットショップや100円ショップにも、気軽に購入できるかわいいアイテムがいろいろあるので、イベントに合わせて好きな飾りを追加してみると、犬たちも楽しそうな特別な日のケーキになりました。

かぶせるだけで、パーティームードの犬になるサンタ帽子のケーキピック。帽子形のピックは、他にもいろいろなタイプのものがあるので、イベントに合わせて、楽しいアレンジができそうです。

"Happy Birthday" の小さなピックはカップケーキなど、小さなケーキにぴったりです。いろいろなタイプが販売されています。

ケーキ用のキャンドルもかわいいものがたくさんあります。このキャンドルは100円ショップで購入したもの（71ページで使用しています）。

Two Colors Pound Cake

2色パウンドケーキ犬

パグ

ラッピングしやすくて日持ちもする
焼き菓子犬は、プレゼントにもおすすめです。

3

4

5

つくりかた

1　チョコレート味のパウンドケーキを焼き、完全に冷めたら角を耳用に長く切り出し、残りを2cm幅にスライスする。口のまわりのパーツ用に、ハート形など、好きな形のクッキー型を用意し、2cmにスライスした生地から、同じ形をたくさん抜いておく。

2　プレーンのパウンドケーキ生地を用意し、型に3分の1ほど生地を入れたら、1で型抜きした顔パーツを向きに注意しながら、隙間なくつなげて横一列に並べる。残りの生地を流し込んだら耳の部分をのせて焼き上げる。

3～5　完全に冷めたら、カットし（3）、目の部分にくぼみをつくって（4）ホワイトチョコチップをはめ込み、ピンクのチョコチップでベロをつけ、とかしたチョコレートで黒目を入れて（5）完成。

Madeleine Dog

マドレーヌ犬

ポメラニアン

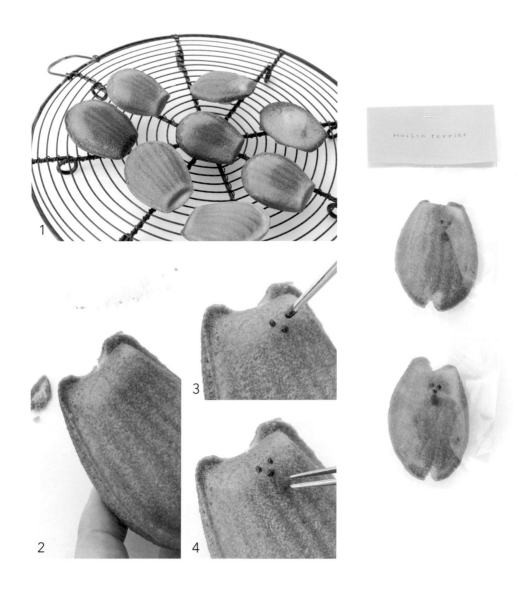

つくりかた

1　マドレーヌ型（貝型）でマドレーヌを焼く。生地は9分目くらいまで入れ、焼き上がりが型から少しはみ出るようにする。

2　型からはみ出た部分の上下の真ん中に三角の切り込みを入れる。

3〜4　とかしたチョコレートで顔を描き、ベロをつけたら完成。

Dacquoise Dog

ダックワーズ犬

2枚で1セットになるように生地を焼き、
間にガナッシュやバタークリームなど
好きなクリームをはさみます。

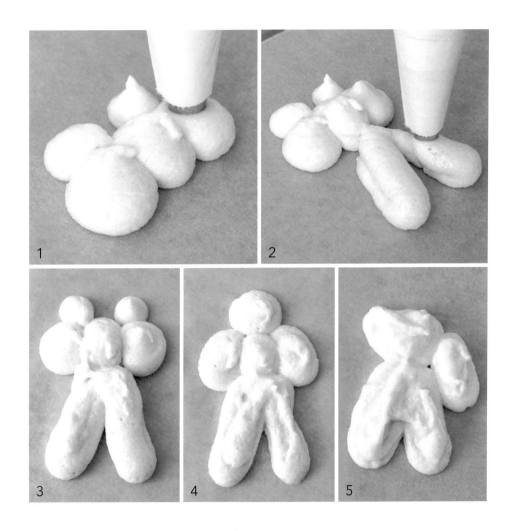

つくりかた

1〜2　ダックワーズの生地を口金をつけたしぼり袋に入れて、好きな
形の犬をしぼる。

3〜5　いろいろな犬の形。2枚で1セットになるように、それぞれ2
枚ずつしぼる。5のように横を向いている形のときは、左右対称で同
じ形の2枚をしぼる。

6〜7 上から粉砂糖をたっぷりふりかけてオーブンで焼く。

8〜10 生地が冷めたら、ガナッシュやバタークリームなど好きなクリームをサンドする。

11 〜 12　とかしたチョコレートで鼻を描き（11）、目の部分にくぼみをつ
くる（12）。
13　くぼみにホワイトチョコチップをはめ込む。
14　とかしたチョコレートで黒目を描いて完成。

Wrapping

ラッピングのアイデア

焼き菓子は、透明の袋に入れた中身の見える
ラッピングが、手軽でかわいいのでおすすめ
です。メゾン・テリアでは、蛍光の用紙に文
字を印刷したものをラベルとしてよく使ってい
ますが、好きな模様の用紙をカットして使うだ
けでもかわいいです。

色つきのホッチキス芯を使うと、少し特別な感
じになります。写真は金色の芯ですが、ピン
クやブルーなどいろいろな色の芯があります。
このホッチキスは犬の顔のようなところが気に
入って購入したものですが、カラー芯は、普
通のホッチキスでももちろん使えます。

Chocolate Dogs

チョコレート犬

箱に詰めて贈りたい
チョコレートの小さな犬たち。
コーティングやしぼりのデコレーションで
それぞれの特徴を出しています。

メゾン・テリアのチョコレート犬たち。
味も形もいろいろですが、
基本はガナッシュクリームを
コーティングしてつくります。
紅茶やラムレーズン、
ナッツやマロンペーストなど
お好みのフレーバーのガナッシュクリーム
をつくってアレンジしてみてください。

ピスタチオ

ホワイトチョコとピスタチオのガナッシュ。型抜きし、ビターチョコでコーティングした後にホワイトチョコで顔の真ん中にラインを描く。

ラムレーズン

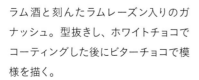

ラム酒と刻んだラムレーズン入りのガナッシュ。型抜きし、ホワイトチョコでコーティングした後にビターチョコで模様を描く。

いちご

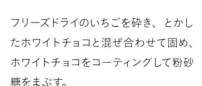

フリーズドライのいちごを砕き、とかしたホワイトチョコと混ぜ合わせて固め、ホワイトチョコをコーティングして粉砂糖をまぶす。

ダックスフンド

マロン

ビターチョコのガナッシュとマロンペーストをそれぞれ型抜きして重ね、ミルクチョコでコーティングし、顔を描く。

オールドイングリッシュ シープドッグ

ミルクティー

ビターチョコをベースに紅茶味のガナッシュをつくり、型抜きし、ビターチョコでコーティングしてから、ホワイトチョコのガナッシュをしぼる。

ジャックラッセルテリア

マカダミア

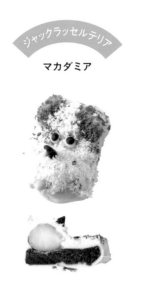

ミルクチョコのガナッシュをつくり、型抜きし、顔の下半分に半割りにしたマカダミアナッツをのせる。ホワイトチョコでコーティングした上から、削ったチョコレートをまぶす。

シーズー

紅茶

ビターチョコをベースに紅茶味のガナッシュをつくり、型抜きして、ビターチョコでコーティングしてから、ホワイトチョコをベースにした紅茶味のガナッシュをしぼる。

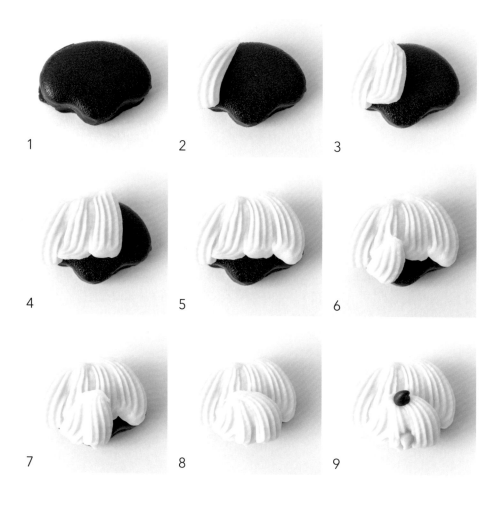

基本のデコレーション1

1 ガナッシュを型抜きして、チョコレートでコーティングする。犬種によっては、このまま模様や顔を描いてもよい。

2〜8 ホワイトチョコなど、好きな色のガナッシュをつくり、しぼって毛並みを描く。

9 鼻、ベロなど好きなパーツをチョコチップでつけて完成。

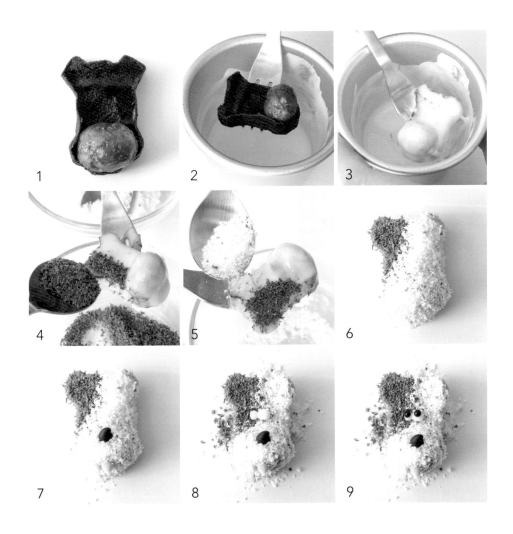

基本のデコレーション2

1 ガナッシュを型抜きして、マズルの部分にナッツをつける。

2〜3 好きな色のチョコレートでコーティングする。

4〜6 コーティングが乾く前に、削ったチョコレートをまぶす。

7〜9 鼻、ベロなど好きなパーツをチョコチップでつけて、目を描いたら完成。

Diorama Cookies

ジオラマクッキー

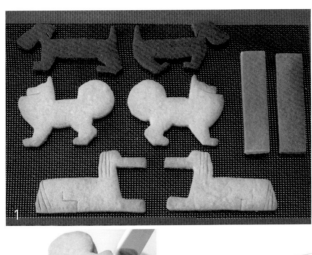
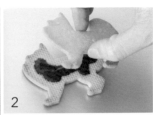

つくりかた

1 好みのクッキー生地で、左右対称に2枚ずつ1セットになるように、犬の形のクッキーを焼く。土台は抹茶生地を細長くカットして焼く。

2〜3 とかしたチョコレートを塗り、1セットずつくっつけ、目と鼻を描く。

4〜5 抹茶チョコレートをとかし、足の裏に塗って、土台に接着する。完全にチョコレートが固まれば完成。

6 透明なケースに入れ、好みの紙をシュレッダーにかけてつくった緩衝材を入れたラッピングのアイデア。

Cookie Cutters
クッキー型のアイデア

メゾン・テリアでは主にオリジナルデザインの
クッキー型を使用していますが、市販品にもか
わいい犬のクッキー型がいろいろあります。スー
パーや製菓材料店などで手軽に購入できる型
にも掘り出しものがありますし、かわいい雑貨
屋さんや旅先などで不意に出合えることも。

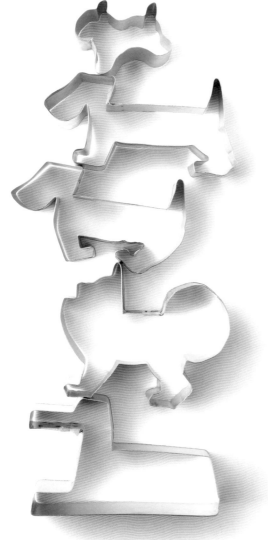

母がこつこつと集めたクッキー型
がわが家にはたくさん。メゾン・
テリアをはじめてからは犬のもの
だけをチョイスして使っています。

アルミ板でつくったオリジナルのクッ
キー型。モデル（古い犬のおもちゃな
ど）があるものもあれば、好きな犬
の形を自分で描き、デザインしてみた
ものもあります。オリジナルの型は指
や定規などを使って手作業で曲げる
ので複雑な形は出来ませんが、その
分シンプルでわかりやすいデザイン
になるところが気に入っています。

100円ショップやネットショッ
プなどで購入できる犬のクッ
キー型。いろいろな犬がいて、
選ぶのが楽しいです。

牛乳パックに好きな形を描いてカッ
トしたものを、定規のようにクッキー
生地にあて、上からナイフでカット
すると、即席の型ができます。

Buttercream Sandwich Cookies

バターサンドクッキー犬

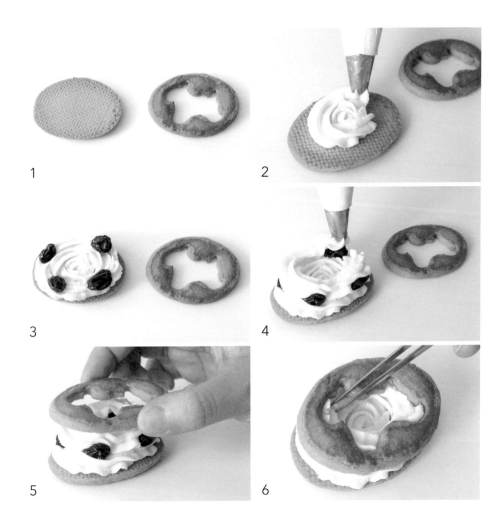

1

2

3

4

5

6

つくりかた

1 サブレ生地を好きな型で抜いて焼く。2枚1セットで、フタになるほうには犬の型抜きをして窓を開けておく（型抜きした犬は次ページで使用）。

2〜5 バタークリームとラムレーズンをはさむ。

6 シュガーミンツで目と鼻をつけて完成。

Cookie Tin

クッキー缶

どの子を入れよう…いろいろな犬のいろいろなクッキーを
自由に詰め合わせた楽しいクッキー缶

1 レモンのアイシングをかけたレモンサブレ
2 前ページで型抜きしたサブレ
3 耳の部分だけチョコレートがけしたショートブレッド
4 チョコサンドクッキー

この本に登場する犬たち

本の中に登場する犬たちを索引にしてみました。

あくまで、お菓子を犬にするときに

「かわいいところやおもしろい形を参考にした犬たち」なので、

「うちの子は違う犬種だけれどそっくり！」ということもあるかもしれません。

表記通りでなくても、みなさんのそれぞれのとらえ方で、

好きな犬種として、自由に解釈していただければうれしいです。

また、耳の形や顔の模様、生地の色などをアレンジして、

モデルにしたい犬に近づけるように考えるのも楽しいと思います。

横尾かな
Kana Yokoo

1996年東京都生まれ。都立工芸高等学校インテリア科卒業後、武蔵野美術大学工芸工業デザイン学科にてテキスタイルを専攻。卒業後は、アパレル店、東京・国立の菓子店foodmood（フードムード）（広報担当）勤務を経て、大好きな犬をモチーフにしたお菓子をつくるアトリエ Maison terrier（メゾン・テリア）として、東京近郊でのイベント出店を中心に活動中。
Instagram: @maison_terrier

MY LITTLE DOGS
メゾン・テリアの犬モチーフのかわいいお菓子

2023年12月13日　初版第1刷発行

著者	横尾かな
ブックデザイン	塚田佳奈（ME&MIRACO）
撮影	安彦幸枝
スタイリング協力	横尾 恵（メゾン・ド・ラパン）
イラスト	Kyoko Komoda
校正	株式会社ぷれす
編集	根津かやこ

発行人　　三芳寛要
発行元　　株式会社パイ インターナショナル
　　　　　〒170-0005　東京都豊島区南大塚 2-32-4
　　　　　TEL 03-3944-3981　FAX 03-5395-4830
　　　　　sales@pie.co.jp

印刷・製本　　株式会社サンニチ印刷

©2023 Kana Yokoo / PIE International
ISBN978-4-7562-5829-8 C0077
Printed in Japan
本書の収録内容の無断転載・複写・複製等を禁じます。
ご注文、乱丁・落丁本の交換等に関するお問い合わせは、小社までご連絡ください。
著作物の利用に関するお問い合わせはこちらをご覧ください。
https://pie.co.jp/contact/

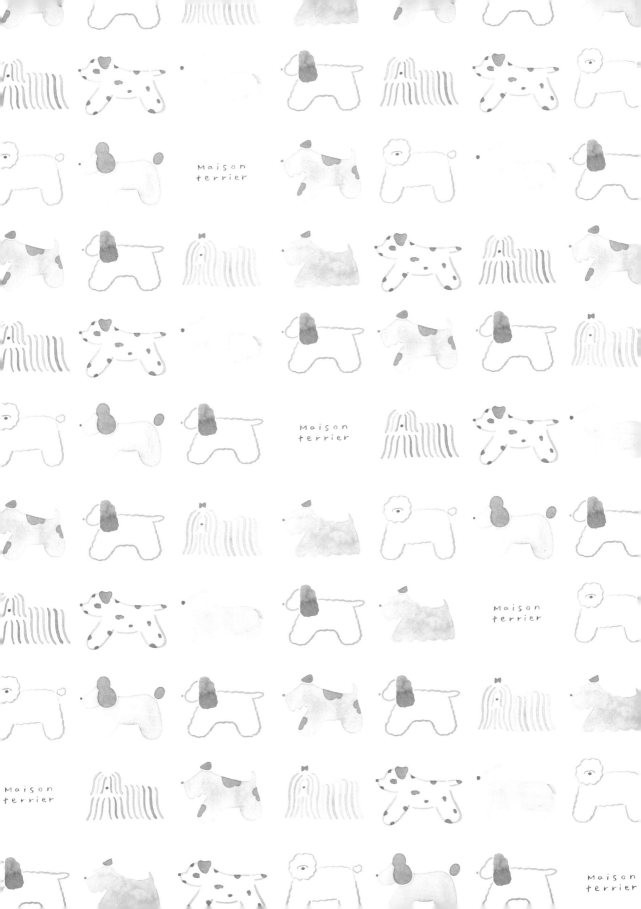

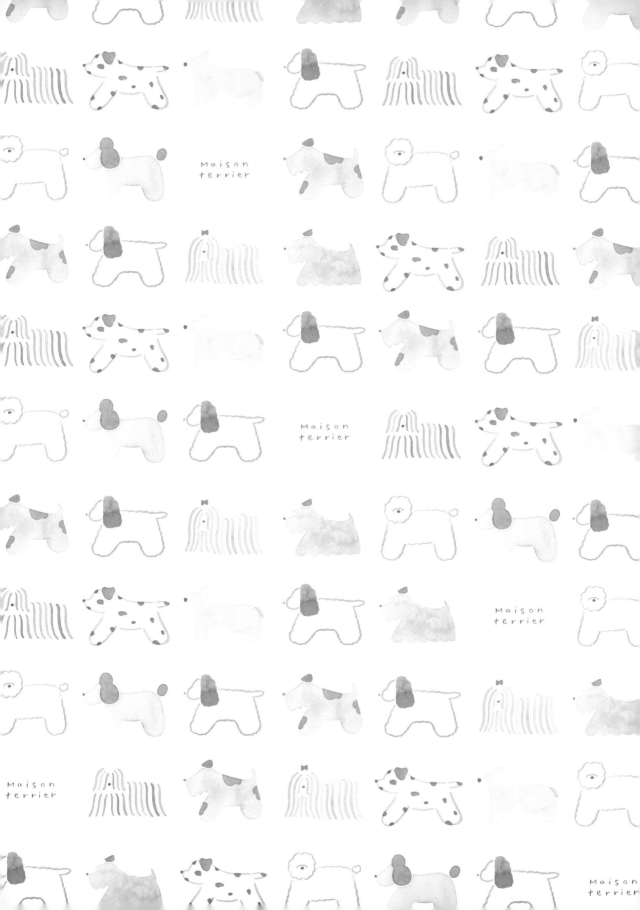